AF340984

QUESTION

DU THÉATRE

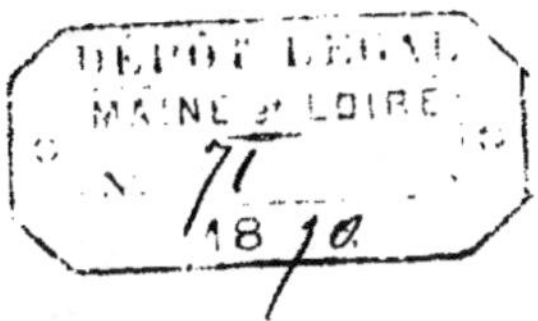

> « Nous persistons donc à croire qu'il faut un
> « théâtre, car depuis les jeux scéniques des
> « anciens jusqu'aux poëmes dramatiques de
> « nos jours, toutes les villes qui ont construit
> « des arènes, des colysées, des théâtres, ont
> « marché avec le progrès et fourni leur pierre
> « à l'édifice, leur part au grand œuvre de la
> « civilisation qui se poursuit depuis des siècles. »

*(Paroles prononcées par M. Guynoiseau pendant
la séance du Conseil municipal, le 5 mars 1866.)*

I

Le cinq décembre 1865, un incendie dévorait complète-
ment la seule salle de spectacle que possédât la ville d'Angers. Presqu'au lendemain de ce triste événement, le 11 du
même mois, le conseil municipal se réunissait, et M. le
Maire, en votant des remerciements aux sapeurs-pompiers,
à l'école des Arts-et-Métiers ainsi qu'au petit séminaire
disait : « La population se préoccupe vivement du choix de
» l'emplacement du nouveau Théâtre, que l'on désire *ardem-
» ment* voir édifier le plus tôt possible »
Neuf membres, séance tenante, sont chargés d'examen
pour les études relatives à la construction d'une nouvelle
salle. Sur ces excellentes dispositions l'année 1865 rend le
dernier soupir, et le 21 avril de celle qui lui succède, après
plusieurs réunions, vingt-neuf membres du Conseil ont à
voter sur l'urgence de construction d'un Théâtre. Quinze se
prononcent pour, quatorze contre, en demandant une salle
provisoire. A l'argent qu'on a déjà, M. le Maire fait obser-
ver, qu'il faut ajouter la somme représentée par le chiffre de
la subvention ; laquelle pendant les trois ans que durera la
construction du Théâtre, sera naturellement une économie
forcée pour la ville. Alors même, personne ne parle d'avoir
jamais à la supprimer.

Jusque-là, disons-le, il était difficile d'agir avec beaucoup plus de promptitude.

Ce noble empressement n'a rien qui nous étonne !

Que n'a-t-il duré plus longtemps !

A la fin de juillet on s'occupe de l'emprunt nécessité par cette nouvelle dépense ; puis l'été se termine, l'automne fait place à l'hiver, et enfin M. Botrel expose ses plans.

Il dit entre autres choses qu'au Théâtre « on va pour voir, et être vu », ce qui ne l'empêche pas de couvrir les trois quarts du parterre qui sera privé de ces deux avantages. Il s'excuse avec une naïveté digne des temps où chantait Homère. « Cette disposition, dit-il, qui n'est pas
» toujours fort agréable pour les spectateurs (Vraiment!)
» a été acceptée dans toutes les nouvelles salles. Elle ne
» peut-être modifiée sans apporter le plus grand trouble
» dans l'agencement des loges et salons des premières. »

Que ce trouble ait effrayé le Conseil municipal, voilà ce que je ne comprendrai jamais. Le parterre en province doit passer avant tout, et l'amphithéâtre ne le remplace pas. Un peu moins de luxe dans les salons des premières loges n'eût pas été une chose bien malheureuse, tandis que ces fauteuils de galeries, jetés sur les stalles de parterre me font l'effet d'une faute irréparable.

Les plans, après avoir été modifiés et acceptés, il n'y avait plus qu'à les mettre à exécution. Nous avons tous été à même de juger de l'activité plus ou moins grande avec laquelle ont été poussés les travaux. La bonne volonté était partout, elle n'a jamais fait défaut, mais on dormait.

On dormait, et le 24 février 1869, on s'est réveillé au bruit des querelles de l'architecte et de l'entrepreneur. Le 3 août, le premier donne sa démission. Elle est acceptée au commencement de septembre ; M. Magne est désigné pour lui succéder, et le 23 novembre de la même année, d'après le rapport de M. Max Richard « il croit pouvoir promettre avec
» certitude, que l'ouverture et l'inauguration du Théâtre
» pourront avoir lieu dans le mois d'octobre de l'année pro-
» chaine. »

Cette espérance, il faut l'avouer, va chez beaucoup de gens se briser contre le scepticisme le plus absolu. Mais enfin, l'architecte nous la donne, pourquoi ne pas l'accepter? C'est en face de cette promesse que je prends la plume, devant le silence du Conseil municipal au sujet de la subvention et son peu d'activité en face d'une aussi prochaine éventualité.

Il serait injuste en présentant ces quelques observations

à ceux qui peuvent quelque chose pour le Théâtre, de ne pas
reconnaître d'abord tout ce qu'ils ont déjà fait pour lui. Il
suffit de lire toutes les délibérations du Conseil municipal
pour avoir la conviction que les intérêts de la ville à ce sujet
ont toujours été le mobile de ses préoccupations. Il n'a point
la prétention d'être infaillible, et sait bien que tous les jours
un homme peut se tromper croyant servir les intérêts qui
lui sont confiés. Loin de moi la pensée de ces critiques
amères qui ne servent à rien, si ce n'est à agacer les nerfs de
ceux que l'on voudrait convaincre. Autre chose est d'exercer
ce droit de contrôle que tout citoyen doit avoir aujourd'hui
dans les affaires publiques, et d'exposer une idée, bonne ou
mauvaise, en la proposant aux réflexions de ceux qui par
leur expérience et leurs talents ont mérité l'honneur d'être
placés à la tête du gouvernement de la cité.

II

Avant d'en arriver à la question de la subvention, disons
un mot d'une chose qui lui touche de fort près, je veux parler
de l'utilité du Théâtre. Ce sujet formerait à lui seul la matière d'un intéressant volume ; il a été dans tous les temps,
chez les anciens, chez les modernes traité par des hommes
illustres dans les lettres, les arts et la philosophie. Nous
sommes en 1870 et nous y resterons, d'autant mieux qu'il
n'est nullement indispensable d'aller demander au temps
passé des arguments et des preuves.

Constatons d'abord un fait : bien des gens sont opposés au
Théâtre ; il en laisse beaucoup d'indifférents, et parmi ceux
qui l'aiment, il y en a fort peu qui s'en occupent.

Les premiers disent : vous venez demander à la ville de
payer chaque année trente ou quarante mille francs pour le
bon plaisir de quelques personnes désireuses d'entendre
Robert le Diable, *Faust* ou les *Dragons de Villars*, vous êtes la
minorité, et nous ne sommes nullement disposés à donner
notre argent pour un plaisir dont nous sommes décidés à ne
pas profiter. Voilà l'objection qu'on jette souvent à la tête de
ceux qui voudraient voir l'art musical prendre à Angers un
rang élevé, digne d'une ville aussssi importante ; et peut-être
effraie-t-elle, ceux qui pleins des meilleures intentions,
après avoir fait élever un Théâtre, pensent pouvoir le priver
de subvention. Elle est pour moi d'une nature telle, qu'il est
impossible d'en tenir compte, et cela dans l'intérêt public,
soit de la ville, soit du pays. Eh ! s'il fallait écouter ceux qui
semblent aujourd'hui prendre à cœur de dresser des bar-
rières devant toutes les tentatives faites dans le but d'élargir

pour le peuple le domaine de la science et de multiplier pour lui les jouissances de l'esprit, il nous faudrait fermer tous les théâtres de France. Que de gens soutiennent encore, que le peuple y va prendre des leçons de scepticisme et d'immoralité ! que la musique qu'on y entend énerve l'âme au lieu de l'élever ! qu'il est profondément regrettable, de voir des hommes et des femmes, naguère encore regardés comme excommuniés, recevoir les applaudissements d'un public plus ou moins perverti ! Fidèles à des convictions sincères, mais exclusifs et ne songeant qu'à eux seuls, ils demanderaient la suppression des spectacles.

Où irions-nous cependant si l'on pouvait les écouter ? Il est vrai qu'on n'y a jamais songé. Pourquoi donc en parler alors ? C'est que semblables à ces médecins qui, ne pouvant conjurer entièrement l'épidémie qu'ils combattent, s'efforcent d'en adoucir les effets, ils apporteront toute leur influence à entraver dans sa marche l'art dramatique et musical.

La logique est inexorable, s'ils font le mal en croyant faire le bien, ce n'est point une raison pour les laisser agir sans leur répondre. La plupart de ceux qui désirent l'anéantissement du Théâtre savent à peine ce qui s'y passe. Ils entendent dire que c'est une mauvaise chose, ils le répètent. Ils disent qu'ils n'en veulent pas sans avoir jamais calculé les conséquences d'un pareil souhait. On n'en tient officiellement aucun compte, mais ceux qui, pleins de reconnaissance pour l'art auquel nous devons tant de chefs-d'œuvre, demandent pour lui encouragement et assistance, ceux-là les trouvent malgré tout devant eux ; leur opposition vient s'ajouter à mille autres obstacles, et si je ne la croyais nuisible aux intérêts que je défends ici, je n'en parlerais certainement pas.

La subvention me semble une question de vie ou de mort pour le Théâtre d'Angers ; mon seul désir en écrivant ces lignes est de plaider pour elle. Voilà pourquoi c'est un devoir de signaler tout ce qui pourra faire pencher la balance en sa faveur.

Malheureusement le Théâtre en province a d'autres ennemis. Ce sont ceux qui le considèrent comme une distraction fort agréable, mais dont l'on peut parfaitement se passer. Pour les premiers il était mauvais, pour les seconds il est simplement inutile, et alors pourquoi le subventionner ? j'ajouterai : Pourquoi même le bâtir ? Voyons donc les choses de plus haut, et plongeons un instant nos regards dans le domaine de l'art universel. Un simple coup d'œil nous persuadera bien vite du rôle du Théâtre et de toute son utilité.

Tout se tient dans l'empire des choses de l'esprit. Les sciences, les lettres, les arts se donnent la main, marchent, progressent ensemble. Un gouvernement, quel qu'il soit, n'a plus seulement à s'occuper des intérêts matériels des populations. Elever le niveau intellectuel n'est plus un souci pour lui, c'est un devoir. Plus le peuple sera instruit, plus la nation sera grande. Voilà une vérité bien digne du siècle qui la proclame et pour le triomphe de laquelle nous ne combattrons jamais assez. Il semble qu'on ne devrait point avoir à lutter pour elle.

La science pour tous ! l'art pour tous ! Les œuvres de l'intelligence rendues accessibles à l'intelligence de tous ! Programme admirable à l'accomplissement duquel nous devons apporter toutes les forces de notre influence et de notre enthousiasme. Et dire qu'il se rencontre des hommes pour lesquels développer les facultés intellectuelles chez la foule, en la mettant à même de connaître des jouissances inconnues, c'est travailler à son malheur en la déclassant.

Comment ceux-là même qui regardent si froidement les progrès de l'instruction pourraient-ils s'intéresser à ceux de l'art ? Que leur importe que le peuple soit à même ou non d'apprécier les beautés musicales de *Faust* et des *Huguenots* ! Et cependant de tous côtés autour de nous se forment, dans les plus humbles villages, des sociétés chorales, des harmonies, des fanfares. Maintenant que la musique devient l'art populaire par excellence, n'est-ce pas le moment de l'encourager plus que jamais dans la première ville du département ?

Le Conseil municipal, qui représente le gouvernement de la ville, n'est pas, lui aussi, chargé seulement de nos intérêts matériels.

La ville a un lycée, des écoles, des cours publics ; qui les soutient ? Notre argent, et personne ne songe à s'en plaindre. Que de nos poches il passe par les caisses de l'Etat ou celles de l'administration municipale, c'est toujours nous qui payons.

Ce Musée dont nous avons le droit d'être fiers, puisqu'il abrite les œuvres d'un artiste enfant du pays, dont la gloire est universelle et dont le nom ne mourra pas, est-ce aussi un monument inutile ? Il n'est pas fait pour la majorité : des milliers de personnes le connaissent aussi peu que la capitale du Japon. Et si toutes les villes de France avaient considéré les Musées comme autant d'inutilités, nous n'aurions ni peintres ni sculpteurs, et, je le demande, si le pays n'y perdrait pas immensément ?

Qui fait à cette heure la grandeur de la France en Europe ?

Sont-ce ses généraux? ou plutôt ses savants, ses littérateurs, ses artistes?

La gloire militaire a fait son temps. Le peuple sait ce qu'elle coûte, celle-là. C'est encore lui qui la paie de son argent et de son sang. C'est elle qui, en quinze ans, a dépeuplé la France de quatre millions d'hommes. Qu'en reste-t-il aujourd'hui? Des millions de tombes. Sommes-nous supérieurs à nos voisins d'outre Manche et d'outre Rhin? Non! mille fois non! Ce qui nous fait grands à l'extérieur, ce ne sont ni nos soldats ni leurs chassepots : c'est le grand mouvement intellectuel qui, depuis soixante ans, a fait surgir, du sein du peuple même, des hommes qui ont porté haut le drapeau de la science, de l'art et de la poésie. Paris est encore en Europe la ville à laquelle toutes les gloires se croient obligées de venir demander une souveraine consécration.

La fin de ce siècle nous verra-t-elle enlever cette supériorité incontestable? Hélas! on nous y conduit à grands pas ; et, pendant qu'à nos portes on force le peuple à courir aux écoles, chez nous on se demande, ministres en tête, s'il est opportun de ne pas l'y faire payer.

Et le temps marche! et les générations nouvelles surgissent, la civilisation grandit auprès de nous, et, première honte, dans cette marche ascendante des peuples vers la lumière, nous ne sommes plus à l'avant-garde.

Est-ce donc le moment de ne pas encourager l'art musical dans notre pays, et de payer par l'ingratitude la gloire que nous lui devons? La question n'est pas de savoir d'une façon plus ou moins exacte le nombre des personnes qui vont au théâtre. Mettons un directeur à même de donner une exécution convenable de nos principaux opéras, et nous verrons la salle se remplir plusieurs fois de suite. Il est impossible d'admettre que lorsqu'il y a bientôt six ans on a joué *Faust* onze fois, le public ait été toujours le même. A Nantes, il y a trois ans, *Roland à Roncevaux* et les *Huguenots* faisaient à la douzième des recettes superbes.

Lorsqu'on parle du théâtre, certaines personnes ont toujours l'air de croire qu'il n'y a que les habitués qui en profitent. Elles oublient trop facilement ceux qu'on n'y voit pas tous les jours. Il ne manque pourtant pas d'ouvriers et de commerçants qui sont heureux d'aller s'y reposer quelquefois de leurs travaux et de leurs affaires. Il y en a qui ont leur famille à conduire ; alors il faut y regarder à deux fois : c'est une dépense ; aussi n'y vont-ils pas souvent. Ce sont pourtant à ceux-là qu'on devrait songer le plus lorsqu'on

discute l'utilité d'une subvention. D'ailleurs, la ville retrou-
vera largement l'argent que celle-ci lui coûtera.

Si, quittant des considérations purement morales, nous
entrons dans celles d'un ordre tout autre, il nous sera facile
de démontrer les avantages immenses résultant pour Angers
d'une bonne troupe d'opéra. Beaucoup d'intérêts y gagne-
ront, personne n'y perdra.

Rien que les dépenses particulières de tout le personnel
qu'amène avec elle la direction d'un grand théâtre, suffisent
déjà pour jeter dans le quartier une somme fort respectable.
Je ne parlerai pas de mille ressources qu'elle nous apportera.

Nous aurons plus d'artistes chez nous, nous aurons des
chanteurs, ce dont nous sommes totalement privés! Il
deviendra possible d'organiser des concerts populaires et
des festivals, ce à quoi il est actuellement impossible de
songer. Tout cela encore ne se fera pas sans que l'argent
circule dans la ville ; et quand l'argent circule, le commerce
n'y perd jamais.

On parle beaucoup aujourd'hui de décentralisation ; il ne
faut pas oublier qu'elle est nécessaire dans les arts autant
qu'ailleurs.

Il est évident que les troupes dramatiques de province
n'égaleront jamais celles de Paris ; mais en refusant toute
espèce de secours aux directeurs, il arrivera ceci : nous resterons dans une infériorité tellement écrasante, que la
moitié du temps la salle sera déserte.

En admettant qu'un directeur livré à ses propres forces
arrive à ne pas faire faillite, lui sera-t-il possible de former
une bonne troupe mixte, jouant l'opéra comique et pouvant
jouer le grand opéra. La salle a beau être grande, elle ne
sera remplie qu'en raison de la valeur des œuvres qu'on y
entendra et surtout de la manière dont elles seront exécu-
tées. Or, pour assurer une exécution convenable, il y a des
avances de fonds assez considérables à faire de la part d'un
directeur. Celui-ci voudra-t-il, pour un bénéfice aussi mince
et aussi incertain que celui qu'il aura en perspective, risquer l'argent nécessaire à l'organisation d'une bonne troupe ?
S'il le fait, pourra-t-il continuer pendant les six mois que
dure la saison théâtrale ? On ne peut pas non plus compter
sur une salle toujours comble. Il y aura des mois où l'af-
fluence du public diminuera, et alors, seul, sans être sou-
tenu par la subvention, après une série de mauvaises
recettes, osera-t-il continuer ?

Le Conseil municipal n'est pas sans avoir jeté un coup
d'œil au milieu de ces différentes perspectives. Il me semble
qu'il devrait s'expliquer nettement au sujet de la subvention.

Quelle sera son importance? Comment sera-t-elle répartie? Il y a encore là matière à discussion, et voilà des questions qui ne demandent qu'une réponse.

Je ne connais point d'artiste parmi les conseillers municipaux, cela n'a rien d'étonnant quand on songe que naguère le ministère des beaux-arts était le lot d'un maréchal de France. Je n'ignore pas qu'un grand artiste peut être un détestable administrateur, mais je n'en suis pas moins du nombre de ceux qui trouvent déplorable de ne pas voir parmi les conseillers municipaux d'une ville de soixante mille âmes un seul artiste pour représenter les beaux-arts.

Le Théâtre sera-t-il prêt pour le mois d'octobre? il est permis d'en douter. Si l'on espère pouvoir sérieusement l'exploiter cette année, il est bien temps, ce me semble, d'y songer. Sinon, pourquoi ne pas le dire et garder un silence de conspirateur en laissant à ce sujet peser une incertitude qui n'a rien de fort réjouissant.

Il faut être conséquent. Ceux qui ont voté les fonds nécessaires à la construction du Théâtre ont par là même décrété son utilité.

Cette utilité reconnue, il était possible de bâtir à meilleur marché; on n'a pas hésité devant un sacrifice de près de quinze cent mille francs pour élever la salle, et sous prétexte de faire une économie l'on s'arrêterait devant une promesse n'engageant pour un an que la somme de quarante mille francs !

Mais alors, il eût bien mieux valu ne point bâtir un si beau palais et mettre quelque chose dedans. Il semble impossible que les mêmes, qui prodiguèrent si facilement l'argent pour élever le temple, soient devenus si difficiles lorsqu'il s'agit de le rendre habitable.

Il y a là une contradiction qui, à tort ou à raison dans le peuple, se réduira toujours à ce dilemme... Ou bien l'on a eu l'intention de doter la ville d'un bon théâtre, ou bien l'on a voulu attacher son nom à la construction d'un beau monument.

III

Faut-il une subvention ? Telle est la question à laquelle je vais m'efforcer de répondre.

Il n'y a pas besoin de grands efforts d'imagination et de style : le langage des chiffres suffit pour prouver qu'elle est indispensable

La liberté des théâtres, qui n'existait pas avant que le

nôtre brûlât, a fait monter beaucoup le prix des acteurs. Les cafés chantants ont pris une importance et une extension qu'il leur était défendu d'avoir. Avec des études musicales, plus que médiocres, un chanteur du moindre filet de voix, peut y gagner de quatre à six cents francs par mois et même davantage.

Les artistes sérieux étant devenus plus rares, il en résulte qu'ils se font payer beaucoup plus cher. Il est même difficile aujourd'hui de trouver un bon ténor à moins qu'on ait le Pactole à sa disposition. Une bonne chanteuse devient aussi de plus en plus un oiseau fort peu commun et avec lequel il ne faut pas marchander.

Tout a augmenté ; il n'y a qu'une chose qui pourrait rétablir un peu l'équilibre entre les recettes et les dépenses, c'est le prix des places. Voilà pourtant ce à quoi on devra apporter fort peu de modification. On pourra faire subir une petite augmentation à quelques fauteuils et à quelques loges, mais non aux secondes galeries, au parterre et à l'amphithéâtre.

Ce sont les petites places qui font la fortune des théâtres, et soit dit en passant, il suffit d'aller jeter un coup d'œil dans la salle pour voir que ce sont celles dont l'architecte s'est le moins occupé. Les baignoires seront trop couvertes par les premières galeries, on verra fort mal de l'amphithéâtre ; quant au parterre, à moins de supprimer les fauteuils d'orchestre, je ne vois pas où on le placera.

Voilà cependant les places qu'il fallait rendre aussi confortables que possible. C'était le parterre de l'Opéra et des Français que nous devions avoir à Angers, et non les affreuses boîtes du Lyrique et du Châtelet. C'est en face du plan intérieur de la salle que la critique aurait beau jeu. Mais à quoi bon ; ce qui est fait est fait, et l'on ne peut tout démolir. Mieux vaut oublier le passé et rendre justice aux efforts qui sont faits aujourd'hui pour réparer les fautes commises.

Moins les places seront agréables, moins il y aura de monde à les prendre. Les premières loges ne peuvent faire à elles seules de bonnes recettes. Avant tout, le théâtre doit être populaire. Il ne s'agit pas de mettre du luxe dans les petites places, il faut qu'elles soient surtout avantageuses. C'est à cette condition seulement qu'elles seront prises d'autres jours que le dimanche.

Je ne crois pas que l'on doive compter sur des recettes beaucoup plus fortes que celles d'autrefois. La moyenne, pendant les meilleurs mois, en était de six à sept cents francs par représentation.

Une simple troupe d'opéra comique ne suffira jamais actuellement à attirer le public. S'il en était autrement, ce serait d'ailleurs un grand malheur, car ce genre d'ouvrage n'est pas la plus haute expression de l'art musical. Il nous faut à Angers une troupe mixte dont les quatre premiers sujets seront deux ténors et deux chanteuses, en admettant qu'ils puissent se prêter un concours réciproque tantôt pour l'opéra comique, tantôt pour le grand opéra. Si nous ajoutons à ces quatre artistes la basse, le baryton et la dugazon, nous aurons déjà les premiers rôles d'une troupe fort convenable.

Voici à peu près le prix qu'ils pourront coûter au directeur :

Premier ténor de grand opéra....	2.000 fr.	par mois.
Premier ténor d'opéra comique...	1.800	—
Première chanteuse légère	2.000	—
Première forte chanteuse.......	1.400	—
Premier baryton............	800	—
Première basse................	800	—
Dugazon....	500	—
TOTAL.....	9.300 francs.	

Je ne prendrais jamais sur moi d'assurer qu'avec les prix que je viens d'établir ici nous aurons des artistes capables de contenter le public angevin qui se montre souvent assez difficile. Voici maintenant un devis aussi modeste que possible de ce que pourra coûter le reste de la troupe.

Trial (jouant la comédie et l'opérette).....................	500 fr.	par mois.
Deuxième basse (jouant l'opérette)	300	—
Troisième basse (jouant comédie et opérette	300	—
Deuxième ténor (pouvant chanter les emplois mixtes dans l'opéra)	800	—
Coryphées et choristes	3.000	—
Orchestre................ ...	4.500	—
TOTAL..........	9.400 francs.	

Ces chiffres réduits à leur plus simple expression augmenteront. Tel artiste qu'on peut avoir aujourd'hui pour 1.500 francs demain en demandera 2.500. Je me borne ici à signaler le moins qu'on puisse dépenser ; et il est plus vraisemblable de prévoir une augmentation de trois ou quatre mille francs sur ce devis qu'une simple économie d'un millier de francs.

On verra plus loin que la somme de 4.500 francs affectée à l'orchestre n'est nullement exagérée.

Nous voici déjà arrivés à une dépense de 18.700 francs. La troupe de comédie et de drame dont je n'ai pas parlé fournira aussi quelques sujets à la troupe d'opéra de même qu'elle se complétera par elle. Comprise de cette manière, elle coûtera de quatre à cinq mille francs au directeur.

Soit seulement .... 4.500 francs.
Ajoutés à .... 18.700   —

Nous obtenons un total de............ 23 200 francs.

Mettons vingt-trois mille francs pour la simplicité du calcul. Quatre représentations par semaine à mille francs chaque nous donneront seize mille francs. On ne peut jouer cinq fois à Angers. Supposons deux mille francs (chiffre énorme pris comme moyenne), pour les jours de spectacle extraordinaire et les dimanches, nous arriverons à un résultat de vingt mille francs par mois. C'est le maximum, et je ne crois pas être pessimiste en espérant autant. C'est une illusion de compter sur des recettes habituelles de 1.500 à 2.000 francs ; il y en aura certainement quelques unes, mais qui seront contrebalancées par celles de cinq ou six cents francs. Il faut voir les choses comme elles sont si l'on veut réellement s'assurer une bonne troupe pendant toute la saison, autrement on s'expose à voir un directeur, après deux mois de représentations bien suivies, s'arrêter devant le premier insuccès.

Non, sans subvention il est impossible de pouvoir espérer une heureuse année pour le théâtre. Le public est plus difficile, les artistes sont plus chers, les droits d'auteurs ont augmenté ; l'inique droit des pauvres n'est pas encore supprimé. Malgré tout, supposons qu'on arrive à un bénéfice *net* de vingt mille francs par mois, reste encore un déficit de trois mille qui, au bout de la saison, se montera à la somme de 18,000 francs.

Mais en dehors des appointements des artistes, du droit des pauvres, des droits d'auteurs, il existe une foule de dépenses dont je n'ai pas parlé et qui feront monter ce déficit de 18,000 francs à un chiffre effrayant. Celles-là ne peuvent être évaluées au juste, pas un directeur n'en donnera une vérification exacte, d'abord parce qu'elles peuvent varier selon les circonstances, ensuite parce qu'il n'aurait aucun

avantage à éclairer la ville juste sur l'importance de ses bénéfi-
ces. Il faut cependant en tenir compte ici, et ceux qui ne sont
pas du métier, comme on dit, ne les peuvent soupçonner.

Sans compter le régisseur, sous-régisseur, il y a tous les
employés du théâtre à payer. Outre les avances qu'un
directeur est toujours obligé de faire aux artistes, il y a les
frais de voyage, les frais de bagages, ceux de correspon-
dance et d'affichage. Ajoutons à ces dépenses celles qu'on
ne peut prévoir et qui résultent tantôt d'un changement
de spectacle, tantôt d'une maladie qui force tel et tel acteur
à résilier. Songeons à ce que coûte l'éclairage de la salle,
son entretien, les décors qu'il faut chaque année, car, en
admettant que le théâtre possède de cinquante à soixante
mille francs de décors, il y aura toujours chaque année
quelque chose à faire de ce côté là. Il ne faut point oublier
non plus les achats de musique, opéras, partitions d'orchestre, parties séparées, frais de copie, corrections, transposi-
tions ; tout cela est fort cher et forme un joli chiffre sur le
cahier des dépenses d'un directeur. Sans compter qu'il lui
faut un magasin de costumes dont il doit payer la location.
Rien que cela représente déjà une somme de quatre à cinq
cents francs par mois. On le voit, sans une grande mise de
fonds, pas de succès durable. Pour risquer tant d'argent,
il faut que l'espérance d'un gain assez important vienne le
soutenir dans une entreprise dont la réussite est toujours
incertaine. Or, qui le soutiendra si ce n'est un secours
assuré par la ville.

Je ne veux pas terminer ces quelques réflexions, que
j'offre aux méditations de ceux qui s'occupent de la question
du Théâtre, sans dire un mot de la meilleure manière de
répartir la subvention.

Nous n'avons plus à en discuter le chiffre. Voyons comment la ville, en la garantissant au directeur, pourra elle-
même y trouver plus ou moins d'avantage.

Elle peut la lui donner simplement avec un cahier des
charges des débuts et en affectant une partie aux décors.
C'est ce qui s'est déjà fait, ce qui se fait tous les jours.

Je crois fermement que la façon la plus avantageuse pour
la ville de donner la subvention, c'est de garantir peu
d'argent au directeur et d'affecter la plus grande partie des
fonds dont on disposera à l'orchestre.

J'ai dit un peu plus haut qu'il fallait compter quatre mille
cinq cents francs par mois pour l'orchestre. Ce chiffre est le
moindre que je puisse proposer. J'en parle avec connaissance
de cause, et jamais l'on aura à moins un ensemble de
musiciens supportable.

Je ne veux médire de personne, je fais abstraction de toute personnalité, j'ignore même la plupart des noms de ceux qui ont fait partie de l'ancien orchestre du Théâtre ; mais j'ai toujours entendu dire, par des gens compétents, qu'il était détestable ; et ce que j'en ai entendu n'a pas contribué à modifier cette opinion. Je sais bien que sur les chiffres que je donne ici l'on pourrait peut-être obtenir une économie de six cents ou mille francs ; mais elle nous vaudra de mauvaise musique. Ce n'est point une somme de fantaisie que celle-là, et pour qu'on puisse s'en convaincre, en voici le détail :

Quatre premiers violons, dont un solo, à 150 fr. l'un dans l'autre..........	600 fr. par mois.	
Quatre seconds violons à 140 fr......	560	—
Deux altos à 140 fr................	280	—
Deux violoncelles à 150 fr.........	300	—
Deux contre-basses à 150 fr.........	300	—
Deux flûtes à 150 fr...............	300	—
Deux hautbois à 150 fr.............	300	—
Deux clarinettes à 150 fr..........	300	—
Deux bassons à 150 fr.............	300	—
Quatre cors à 150 fr..............	600	—
Deux pistons à 150 fr.............	300	—
Trois trombonnes à 150, 140 et 140 fr.	430	—
Un timballier à 150 fr............	150	—
Une grosse caisse à 80 fr.........	80	—
Un chef d'orchestre à 400 fr.......	400	—

5.200 fr. par mois.

Mettons sans crainte cinq mille francs, ce qui fait, au bout d'une saison de six mois seulement, trente mille francs. Ajoutons en dix mille donnés au directeur, soit pour les décors, soit pour les autres dépenses, nous arriverons au chiffre de quarante mille francs qu'il faudrait se résigner à donner. Il est impossible d'avoir des artistes capables à moins, et, à part quelques exceptions, il faudra les faire venir soit de Belgique, soit d'Allemagne J'ai estimé les flûtes, hautbois, clarinettes, cors et bassons à 150 francs chaque pour simplifier le calcul. Le premier hautbois pourra se monter à 160 ou 170 fr., le second n'irait qu'à 130 ou 140 fr , et de même pour les autres.

Il faudra toujours en venir à trois cents francs pour les deux.

Ce n'est point chose facile que de former un bon orchestre, et pas un directeur n'y arriverait pour deux raisons : la première, c'est qu'il fera toujours des économies de ce côté-là, la seconde, c'est qu'il se procurera des artistes par l'entremise des agences et des correspondants qui recommandent ceux-ci sans les connaître. Il faut du temps pour cela, et voilà pourquoi s'y prendre une année d'avance n'est pas de trop. Nous avons ici quelques étrangers allemands ou belges, musiciens consciencieux, consultons-les donc, renseignons nous près d'eux sur ce qui se passe là-bas, puisque nous n'avons pas chez nous tout ce qu'il nous faut.

Pour rien au monde je ne voudrais qu'on aille chercher ailleurs ce que nous avons à Angers. Mais il est difficile d'admettre, avec la meilleure volonté du monde, que le titre d'Angevin soit l'équivalent d'un prix ou même d'un modeste accessit du Conservatoire. Cherchons d'abord tout ce que peut nous fournir notre ville, rien de mieux ; mais avant de compter sur ceux qui se présentent, constatons la valeur de leur éducation musicale. Ne recevons personne sans examen et sans concours, et par dessus tout, écartons toute question de personnalité. Il est évident qu'à mérite égal toutes nos sympathies se reporteront sur nos compatriotes.

Ce n'est pas trop de douze ou treize mois pour former un bon orchestre au meilleur marché possible. C'est pourquoi il serait nécessaire de se décider à quelque chose. Un oui ou un non valent bien mieux que l'incertitude.

Je ne veux pas finir sans parler d'une combinaison qui aurait l'avantage de doter la ville d'un orchestre dont elle jouirait toute l'année. De cette manière, il n'est pas besoin de beaucoup de réflexion pour comprendre à quelle perfection d'exécution l'on pourrait arriver au bout d'un certain temps. Voici à quel prix reviendrait le même orchestre dont j'ai parlé tout à l'heure :

Premier violon solo	2.000 fr.	par an.
Trois premiers violons	5.000	—
Quatre deuxièmes violons	5.400	—
Deux altos	2.600	—
Premier violoncelle	1.800	—
Deuxième violoncelle	1.500	—
Deux contrebasses	3.000	—
Deux flûtes	3.000	—
Premier hautbois	1.800	—
Deuxième hautbois	1.500	—
Premier basson	1.800	—
Deuxième basson	1.500	—
Première clarinette	1.800	—
Deuxième clarinette	1.500	—
A Reporter	34.300	—

	Report...... ..	34.300	—
Premier cor....................		2.000	—
Deuxième cor.....		1.500	—
Troisième cor.....		1.500	—
Quatrième cor................ ...		1.500	—
Deux pistons.........		3.000	—
Trois trombonnes.............		4 500	—
Un timbalier en même temps pianiste		2.500	—
Chef d'orchestre.................		3.000	—

TOTAL...... 53.800 fr. par an.

Mettons cinquante mille francs pour faire un chiffre rond, et encore en admettant que la ville fournisse un certain nombre d'artistes.

Tous ceux qui savent quelle doit être la composition d'un orchestre verront bien qu'il est réduit ici à sa plus simple expression, et même ils trouveront le quatuor peu en rapport avec l'harmonie et les cuivres. Il faudrait en effet quatre violons, un alto, un violoncelle et une contre-basse de plus pour avoir quelque chose d'irréprochable.

En ajoutant ces quelques musiciens nous arrivons au plan d'orchestre qu'a bien voulu me communiquer un amateur auquel nous devons le plaisir d'entendre depuis six ans les œuvres des classiques et des maîtres dans l'art pour lequel je plaide aujourd'hui.

Si l'on peut appeler un défaut le désir de faire trop bien les choses, c'est le seul que je connaîtrais à M. Alfred Michel. Je ne puis mieux finir qu'en développant en quelques lignes une idée qui lui appartient et qui mérite d'être prise en considération.

L'orchestre, propriété de la ville, serait donné comme subvention au directeur pendant toute la durée de la saison théâtrale. Le reste du temps il resterait à sa disposition pour des représentations extraordinaires durant les deux mois de comédie et de drame (1). L'été on l'entendrait au Mail, et l'hiver il y aurait des concerts populaires, à des prix très-peu élevés ; ce serait un service rendu à l'art musical et au peuple qu'on mettrait à même d'entendre les œuvres symphoniques si applaudies à Paris.

Au bout de l'année avec des recettes aussi modestes que possible ces concerts arriveraient à donner au moins une vingtaine de mille francs.

Je ne donnerai pas en détail le plan d'orchestre de M. Mi-

(1) Il pourrait lui servir aussi pour monter des féeries et des drames à grand spectacle.

chel, il irait à soixante mille francs. Si nous adoptons celui dont j'ai parlé plus haut, qui ne se monte qu'à cinquante mille francs, la ville n'en aura plus que trente mille à débourser.

Pour encourager le Conseil municipal à voter de confiance la subvention, M. Alfred Michel fait un appel à tous les amis de l'art. Je termine en l'enregistrant.

Il s'agirait de garantir à la ville les vingt mille francs qu'un orchestre à l'année lui coûtera en sus de la subvention. Cette garantie se baserait sur deux cents actions à cent francs, remboursables à cinquante francs à la fin de chaque année. Chaque action serait représentée par une carte d'entrée (1) non personnelle, donnant droit à tous les concerts et festivals qui auraient lieu pendant le cours de l'année. On pourrait donc en prendre une à deux ou trois.

A la fin de l'année sur le bénéfice de tous les concerts on rendrait cinquante francs à chaque actionnaire; le reste serait partagé de nouveau, ou bien employé à former des chœurs et à encourager les sociétés chorales et orphéons de la ville et du département, selon qu'il serait décidé.

Pour cinquante francs au plus l'on aurait donc une carte non personnelle, valable pour vingt-cinq ou trente concerts populaires, sans compter les soirées d'été au Jardin du Mail. Il me semble difficile de trouver une combinaison plus heureuse (2)

S'il m'est permis de finir en donnant mon avis, je dirai qu'il faut en arriver d'une manière ou d'une autre à donner l'orchestre comme subvention au directeur, et, si l'on reconnaît après discussion la chose possible, à avoir un orchestre qui ne changera jamais.

C'est à tous ceux qui désirent entendre de vraie musique d'y apporter leur influence et leur concours. Ils feront une œuvre bonne en encourageant les artistes et belle en contribuant à élargir pour la foule le cercle des jouissances intellectuelles et à rendre de plus en plus populaire l'art musical.

Louis de Romain.

(1) Une carte non personnelle peut non-seulement être présentée au contrôle par n'importe qui, mais encore vendue par ceux qui ne pourraient s'en servir.

(2) Ce plan demanderait à être développé. Il offre à la ville une multitude d'avantages que je ne puis faire ressortir dans ce court travail. Il mérite l'honneur d'être discuté, et c'est alors qu'on pourrait bien comprendre tout ce que la ville y gagnerait.

www.ingramcontent.com/pod-product-compliance
Lightning Source LLC
LaVergne TN
LVHW021058050726
842519LV00005B/1705